탕크 가 갑니다.
민들레 곱게 핀
언덕길 넘어서,
오랑캐 쳐부수러
탕크 가 갑니다.

"타르르, 타르르."

길 도 없는 수풀 을 탕크 가 갑니다.

앞 으로 앞 으로 나아갑니다.

커다란 나무 도 탕크 에 밀리면,

"우지끈."

소리내고 쓸어집니다.

탕크 는 아무 데 나 거침없이 쳐나-

아갑니다.

전시생활 1-2

탕 크

(국민학교 1.2 학년)

문교부

탕 크 1

탕크 가 갑니다.
무거운 쇠바퀴
돌돌돌 굴리며,
힘차게 앞 으로
탕크 가 갑니다.

큰 강 이 흐릅니다.
물 이 많이 흐르는 깊은 강 입니다.

이렇게 큰 강 을 건너는 탕크 도 있답니다.
무거운 탕크 가 배 가 되어 떠가니 참 신기하지요?

탕크 가 지나간 강물 에는 하얀 물거품 이 일어납니다.

대포알 이 가까이 터져도 탕크 는 꿈쩍 도 아니합니다.

탕크 는 언제나 맨 앞 에서 쳐들어갑니다.

적군 을 향해 대포알 을 막 쏘며 쳐들어갑니다.

우리 편 탕크 에는 아무 도 덤벼들지 못합니다.

탕크 가 시가지 로 쳐들어갑니다.

천천히 굴러가는 탕크 양 옆 에, 기관총 을 쏘며 나아가는 국군 이 따-릅니다.

길모퉁이 에서 공산군 이 따발총 을 쏘다가 달아납니다.

탕크 는 조금씩 앞 으로 굴러나아갑-니다.

기관총 을 쏘는 국군 도 조금씩 앞 으로 쳐나아갑니다.

공산군 이 흙가마니 로 길 을 막고 싸웁니다.

국군 이 살살 기어가서, 흙가마니 너머 로 수류탄 을 던졌읍니다.

공산군 이 달아납니다.

국군 이 흙가마니 위 에 뛰어 올라, 달아나는 공산군 을 기관총 으로 쏩니다.

탕크 는 천천히 앞 으로 굴러갑니다.

시가지 에서 공산군 을 몰아낸 탕크 가 천천히 굴러갑니다.

탕크 를 탄 군인들 이 밖 을 내다-보며, 웃는 얼굴 로 손 을 흔듭니다.

사람들 은 모두들 기쁜 얼굴 로 태극기 를 흔듭니다.

목 이 터져라고,

"대한 민국 만세!"

"국군 만세! 유엔군 만세!"

를 부르는 사람 도 있읍니다.

탕 크 2

마을 밖 큰 길 가 에 부서진 탕크 가 쓸어져 있읍니다.

작년 여름 에 공산군 이 타고 쳐들어온 탕크 입니다.

여기 저기 총알 을 맞은 자국 이 있읍니다. 쇠바퀴 가 끊어져서 달아나지를 못했나 봅니다.

부서진 탕크 는 언제나 같은 자리 에 쓸어져 있읍니다.

마을 아이들 이 이따금 부서진 탕크 에 모여서 놉니다.

안 에 들어가서 기계 를 만져 보기도 합니다.

대포 를 이리저리 움직여 보기도 합니다.

철수 는 밖 을 내다보며,

"중공 오랑캐들 아, 덤벼라!"

하고 소리쳤읍니다.

"애들 아, 작년 여름 에 공산군 이 쳐들어왔을 때, 너희들 은 어떻게 하였니?"

철수 가 물었읍니다.

"모두들 피란 을 갔었어."

동진이 가 말했읍니다.

"그럼, 이 탕크 가 부서지는 것 도 못 보았겠구나?"

"그렇단다. 나중 에 마을 에 다시 돌아와서 알았어."

"이 탕크 는 국군 아저씨 가 달려가는 탕크 쇠바퀴 사이 에 참나무 장작 을 끼워서 못 가게 만든 거래."

용길이 가 말했읍니다.

"참, 우리 국군 아저씨들 은 잘 싸웠어. 나 도 국군 아저씨 가 수류탄 을 들고 탕크 위 로 뛰어올라가서, 탕크 속 에 수류탄 을 던졌다는 이야기 를 들었어."

철수 가 말했읍니다.

저녁 때 가 되었읍니다.

아이들 은 열 을 지어 마을 로 돌아갑니다.

우거진 수풀 을 헤치면서.
앞 으로 앞 으로.
추풍 령 아, 잘 있거라.
우리 는 돌진한다.

아이들 은 힘차게 노래 를 부르면서 돌아갑니다.

국군 아저씨 의 편지.

"철수 야, 네 게 편지 가 왔다."
하시며, 어머니 는 봉투 를 한 장 들고 들어오셨읍니다.

"편지 가 왔어요? 제 게요?"
하면서, 철수 는 어머니 에게 달려갔읍니다.

정말, 편지 겉봉 에는,

"박 철수 님"

이라고, 똑똑히 씌어 있었읍니다.

철수 가 제 이름 으로 편지 를 받은 것 은 이 번 이 처음 입니다. 철수 는 얼마나 좋은지 몰랐읍니다.

"어머니, 이 편지 는 누 가 보냈어요?"

철수 가 말했읍니다.

"봉투 뒤 에 쓰인 것 이 보낸 사람 의 이름 이란다. 읽어 보아라."

어머니 가 말씀하셨읍니다.

철수 는

"수도 사단 ○○ 연대 ……

이 영복"

하고, 읽어 보더니,

"어머니, 이 영복이

가 누구 야요?"

하였읍니다.

"아마, 네 가 보낸

위문품 을 받은

국군 아저씨 인가

보다. 어서 편지 를

읽어 보아라."

"국군 아저씨 가 보냈어요?

아이, 좋아라."

하면서, 철수 는 얼른 편지 를 꺼냈읍니다.

철수 야

네 가 보낸 위문 편지 와 위문품 은 고맙게 잘 받았다. 집 을 떠나 피란 을 가서 수용소 에 있다니, 얼마나 고생 이 되느냐? 국군 아저씨들 은 오늘 도 힘차게 중공 오랑캐들 과 싸우고 있다. 멀지 않아 우리 나라 에 들어온 중공 오랑캐 를 한 놈 도 남기지 않고 몰아낼 터이니, 고생 이 되더라도 조금만 더 참아라.

참, 네 가 그린 그림 은 아주 잘 되었다. 국군 아저씨들 이 모두들 빼앗아가며 보고 칭찬 을 하더라. 그리고 혼자 만 보면 안 된다 고 하여서, 어디를 가든지 네 그림 두 장 을 벽 에 나란히 붙여 두기로 하였다.

어제 도 중공 오랑캐 를 삼백 명 이나 쏘아 죽이고, 이 산 을 빼앗았다. 중공군 이 물러간 참호 속 에서, 나는 바랑 에 넣어 두었던 네 그림 을 다시 꺼내 보며, 이 편지 를 쓴다.

며칠 뒤 면은 평양 을 도로 빼앗게 될 것이다. 그 때 는 열병식 도 있을 것이니, 또 그 때 재미있는 이야기 를 써 보내마.

오늘 은 고만 쓰겠다. 잘 있거라.

3월 20일

이 영복

철수 는 국군 아저씨 의 편지 를 두 번, 세 번 떠듬거리며, 되풀이하여 읽었읍니다.

목숨 을 내걸고 싸우는 싸움터 에서 이렇게 편지 를 보내 주신 국군 아저씨 가 얼마나 고마왔는지 모르겠읍니다.

"어머니, 이 영복 아저씨 는 참 좋은 분 이지?"

"우리 국군 아저씨들 은 모두 이 영복 아저씨 같은 분들 이란다."

"어머니, 열병식 이 뭐 야요?"

"글쎄……, 아버지 가 더 잘 아시겠으니, 있다가 아버지 가 들어오시거든 여쭈어 보아라."

철수 는 저녁 때 아버지 께 열병식 이야기 를 들었읍니다.

축 하

축하
대한민국만세

예방 주사.

"오늘 은 모두 예방 주사 를 맞도록 하자."

어머니 가 말씀하셨읍니다.

"난 싫어, 아파."

영이 가 말했읍니다.

"아파도 맞아야 한다."

"왜?"

"병 에 걸리지 않으려면, 먼저 예방 주사 를 맞아 두어야 하는 거 야."

철수 가 말했읍니다.

점심 때 가 지나서, 철수 와 영이 는 어머니 와 함께 예방 주사 를 맞으러 갔읍니다.

예방 주사 를 맞으러 온 사람들 이 면 사무소 앞 에 늘어서 있읍니다.

동진이 와 용길이 도 와 있었읍니다.

"철수 야, 어서 와."

동진이 가 말했읍니다.

예방 주사 를 맞은 사람들 은 조그만 종이 를 받아 가지고 나옵니다.

용길이 가 팔 을 문지르면서 나왔읍니다.

"아프더냐?"

철수 가 말했읍니다.

"바늘 이 들어갈 때, 조금 따끔해."

용길이 가 받은 종이 에는,

"예방 주사 맞은 표"

라고, 씌어 있었읍니다.

철수 차례 가 되었읍니다.

철수 는 바늘 이 들어갈 때 조금 얼굴 을 찡그렸읍니다.

"오빠, 아파?"

영이 가 물었읍니다.

"아니야, 조금 따끔해."

철수 가 말했읍니다.

이 번 에는 영이 차례 입니다.

하얀 옷 을 입은 의사 선생 님 이 영이 얼굴 을 보시더니,

"넌 얼굴 빛 이 좋지 않구나. 엄마 가 해 주시는 반찬 은 무엇이든지 잘 먹느냐?"

하시면서, 주사 를 놓아 주셨읍니다.

어머니 도 주사 를 맞으셨읍니다.

"영이 야, 의사 선생 님 이 널 보고 무어라고 하셨지?"

집 으로 돌아오는 길 에 어머니 가 물으셨읍니다.

"아무 반찬 이나 잘 먹느냐? 고 하셨어."

"그래, 몸 을 튼튼히 하려면, 반찬 을 가려서 먹지 말아야 한다."

"어머니, 몸 이 튼튼해야지 이담 에 국군 이 되지?"

철수 가 말했읍니다.

"그래, 철수 는 몸 은 튼튼하지만 엎드려서 공부 를 하는 버릇 을 고쳐야 한다. 엎드려서 공부 를 하거나, 어두운 데 서 책 을 읽으면 눈 이 나빠지는 거란다. 눈 이 나쁘면 훌륭한 국군 이 될 수 없단다.

어머니 가 말씀하셨읍니다.

"아버지. 오늘 예방 주사 를 맞았어요."

저녁 밥 을 먹으면서, 철수 가 말했읍니다.

"의사 선생 님 이 몸 을 튼튼히 하려면, 무슨 반찬 이든지 잘 먹어야 한다 고 그리셨어요."

영이 가 말했읍니다.

이 "나 도 인제 부터 엎드려서 책 을 읽지 않을 테야요."

철수 가 말했읍니다.

진군의 노래

화랑의 피를 이은 젊은이들이
사직단 횃불 앞에 한데 모여서,
나라를 지키고자 칼들을 갈고,
오늘은 우뢰 같이 소리쳐 간다.

반만 년 정기 받은 억센 사나이
정의의 싸움터로 한데 모여서,
오랑캐 무찌르려 칼들을 갈고,
오늘은 파도처럼 휩쓸어 간다.

삼천만 부탁 받은 거룩한 장정,
조국의 운명 앞에 한데 모여서,
승리의 깃발 아래 칼들을 갈고,
오늘은 바람처럼 처몰아 간다.

참 고

이 교과서의 지도상 주의는 제1 집의 요령과 같다.

이 책은 전시판이므로 제본이 제대로 되어 있지 않으니, 교사나 부형이 다음과 같이 제본하여 학생에게 주기 바란다.

1. 바늘에 실을 꿰어 접은 데를 밖에서 안으로 잡아맨다.

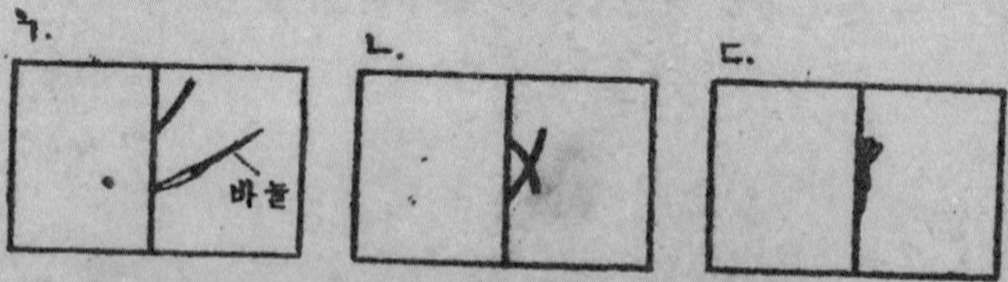

2. 46판에 맞도록 도련을 한다.

단기 4284년 3월 20일 박음
단기 4284년 3월 25일 폄

전시 생활 1-2
탕 크

값 330원
도청에서 학교 까지의 운임은 따로 받음

지은이
겸 편이　문 교 부

박은이　합동도서주식회사
대표자 양이영

탕크 (전시생활 국어교과서)1-2. 복제본 49,000원
13700
9788959551095